红蓓蕾出版工程

共和国领袖

刘少奇

罗兴华 编著

海燕出版社
中央文献出版社

图书在版编目（CIP）数据

刘少奇/罗兴华编著.—郑州：海燕出版社，2011.6（2014.1重印）
（共和国领袖）
红蓓蕾出版工程
ISBN 978-7-5350-4658-1

Ⅰ.①刘… Ⅱ.①罗… Ⅲ.①刘少奇（1898～1969）-生平事迹 Ⅳ.①K827=7

中国版本图书馆CIP数据核字（2011）第104277号

策　　划：张文和　胡宜峰　卢曙光
责任编辑：胡宜峰
责任校对：李培勇
责任印制：邢宏洲
责任发行：贾伍民
版式设计：李　维
封面设计：泰美广告
插图绘画：权迎升

出版发行　海燕出版社
（郑州市北林路16号　邮政编码 450008）
中央文献出版社
（北京市西城区前毛家湾1号　邮政编码 100017）
发行热线　（0371）65734522　（010）63097018
经　　销　全国新华书店
印　　刷　河南新华印刷集团有限公司
开　　本　700毫米×1000毫米　1/16
印　　张　6.5
字　　数　130千字
版　　次　2011年6月第1版
印　　次　2014年1月第3次印刷
定　　价　18.80元

前言

为了迎接伟大的中国共产党建立90周年，弘扬爱国主义、集体主义和革命英雄主义，为了对少年读者进行中国革命史教育，重温那段激情燃烧的峥嵘岁月，歌颂老一辈无产阶级革命家的先进事迹，海燕出版社与中央文献出版社联合推出了这套"红蓓蕾出版工程"。

该出版工程首先出版《共和国领袖 毛泽东》、《共和国领袖 周恩来》、《共和国领袖 刘少奇》、《共和国领袖 朱德》、《共和国领袖 邓小平》、《共和国领袖 陈云》6本。

中国共产党成立以来，在党的正确领导下，中国革命历经磨难取得了成功，我国的社会主义建设成就斐然，人民群众的生活水平得到极大的提高，国力大为增强，中华民族已经傲然屹立于世界民族之林。这些成就是在毛泽东为代表的党的领导人光荣、正确领导下取得的，他们建立了伟大的中国共产党，创立了战无不胜的人民军队，推翻了旧中国半殖民地半封建的腐朽统治，打碎了套在人民大众身上的枷锁，建立了崭新的社会主义制度，这些卓越的成就将彪炳史册。

以毛泽东为代表的革命领袖，在革命战争和社会主义建设中始终坚持发扬革命英雄主义和爱国主义精神。他们为中国革命的胜利和新中国的成立与建设作出了突出贡献，建立了丰功伟绩。他们为革命事业付出了毕生的精力和心血，出生入死，鞠躬尽瘁。这些都值得我们后人永远铭记。今天，我们歌颂老一辈无产阶级革命家的先进事迹和革命精神，宣传他们的高尚思想和道德风范，目的就是要让广大青少年读者牢记这些革命传统,并将其发扬光大。

老一辈革命家的人生历史波澜壮阔,道德风范高山仰止,感人事迹可歌可泣,可以撰写的方面很多,能够讲述的故事也很多。在编写过程中,我们从讴歌领袖和有利于儿童的阅读、理解方面着眼,以革命领袖的青少年成长历程、革命战争时期的斗争和建国后的工作经历为主线,按照时间先后,以翔实、感人的故事为主体,运用卡通插图的方式进行艺术表现。在编写过程中,我们既注重内容的生动客观,又兼顾形式的新颖;既注重故事的可读性和趣味性,也重视对青少年读者的教育引导激励作用。我们相信,本书以其翔实珍贵的历史资料、生动活泼的叙述语言、图文并茂的编排形式,一定会赢得广大青少年读者的喜爱。

用卡通漫画的形式来表现红色经典故事,来歌颂革命历史人物,这在我们已出版的图书品种中还不多见,算得上是一种新的艺术表现形式。由于编写绘画者水平有限,书中肯定会有诸多不足之处,希望广大专家学者、读者不吝赐教,以便今后再版时加以完善。

目录

- 一、"刘九书柜" /1/
- 二、一切为了祖国 /4/
- 三、在莫斯科的"特殊"留学生活 /7/
- 四、领导安源路矿工人大罢工 /11/
- 五、"白色恐怖"下骨肉分离 /14/
- 六、叱咤风云 /17/
- 七、记住你们的母亲 /20/
- 八、论共产党员的修养 /23/
- 九、第一次指挥战斗 /26/
- 十、鞋子张开"狮子口" /29/
- 十一、叫警卫战士把子弹留下 /32/
- 十二、"安泰"的启发 /35/
- 十三、每天就拉一百下 /37/
- 十四、秘密访苏之行 /39/
- 十五、视察"新村",反对虚报 /41/
- 十六、对待科学理论要认真 /43/

十七、说实话，不要黑白不分　　　　　　　　　　/ 46 /

十八、四个不准　　　　　　　　　　　　　　　　/ 49 /

十九、对警卫员无微不至的关怀　　　　　　　　　/ 51 /

二十、请出示通行证　　　　　　　　　　　　　　/ 53 /

二十一、关怀下一代　　　　　　　　　　　　　　/ 55 /

二十二、发糖果喽　　　　　　　　　　　　　　　/ 58 /

二十三、共产党人要讲真话　　　　　　　　　　　/ 61 /

二十四、到矿井下面去看看　　　　　　　　　　　/ 63 /

二十五、列车上的"微服私访"　　　　　　　　　/ 66 /

二十六、当选中华人民共和国主席　　　　　　　　/ 69 /

二十七、主席也是人民勤务员　　　　　　　　　　/ 71 /

二十八、考察三峡坝址　　　　　　　　　　　　　/ 73 /

二十九、国家主席的船才应该首先抢救人民　　　　/ 76 /

三十、我们的生存要后继有"林"　　　　　　　　/ 78 /

三十一、眼下还是吃饱肚子要紧　　　　　　　　　/ 81 /

三十二、"闲事"总要有人管　　　　　　　　　　/ 83 /

三十三、一定要尊重少数民族的风俗习惯　　　　　/ 86 /

三十四、敌人不让我去，我偏要去　　　　　　　　/ 89 /

三十五、一切都让平平自己去干　　　　　　　　　/ 92 /

三十六、好在历史是人民写的　　　　　　　　　　/ 94 /

一、"刘九书柜"

在湘江西侧的宁乡县境内,有一个普普通通的小山村,叫炭子冲。相传在很久以前,这一带有不少人以伐木烧炭为生,所以就叫炭子冲。这里有山有水,盛产稻米、林木、烟叶,是湖南中

共和国领袖
gongheguo lingxiu

部一个富裕、美丽的地方。

1898年11月24日,刘少奇出生在炭子冲东山坡脚下的一户农民家里。刘少奇的曾祖父活着的时候,家里除了有一些薄地外,就只有三间茅草房,家人全靠租地主家的田地耕种度日,生活拮据。

少奇8岁那年,父亲送他到拓木冲私塾读书。在那里,他上课

特别用心，认真学习，甚至下课也不出去玩耍，养成了良好的学习习惯。为了不受打扰，少奇经常一个人在安静的地方读书。正是因为他的勤奋好学，在他12岁的时候，被当地一家有名的教馆录取了，教馆还破例免收他的学费，这让好学的少奇特别高兴。在这家教馆里，他学到了在其他私塾学不到的知识，比如算术、自然地理等课程，增长了见识，开阔了视野，这更激发了少年少奇的学习兴趣。后来，由于家庭的原因，他又转到了红米冲私塾上学。在新的私塾，少奇不能读到更多的书了，这让好学的少奇很苦恼，但他还是想办法向人家借书看，废寝忘食地阅读每一本能够借到的书，抓紧每一分钟学习。

有一次，少奇在一个火盆旁边看书，由于入迷，鞋子被烤煳了都不知道……在这段时间里，他不仅阅读了《三国演义》、《西游记》、《聊斋志异》等传统古典名著，还知道了当时中国革新变法的康有为、梁启超、谭嗣同，以及外国的华盛顿、富兰克林、瓦特等著名人士，了解了许多济世图强的道理，极大地丰富了他的知识面。每次乡亲们问他一些问题的时候，他都回答得很有道理，乡亲们都叫他"刘九书柜"。

二、一切为了祖国

  由于家庭条件的原因，刘少奇断断续续在炭子冲附近的几个私塾上过学，无论在哪个私塾读书，他都一直坚持学习和阅读，保持着勤奋的学习精神。就在这时，辛亥革命爆发，统治中国260多年的清王朝灭亡了。国家陷入军阀混战，人民生活在水深火热之中。此时的刘少奇在服役于湖南的哥哥刘云庭的影响下，开始接受新思想，同时他也暗下决心为了国家的未来外出求学。

  从1913年夏天开始，刘少奇进入玉潭学校学习，在这所学校里，刘少奇的思想和性格都发生了很大的变化，也感受到了新思想带给自己的进步。在老师的指导下，他开始经常关心国家大事，了解国家的发展和变化。刘少奇在学校的第三年，袁世凯当上了中华民国大总统，和日本政府签订丧权辱国的《二十一条》，袁世凯的卖国行为激起了全国人民的反对，各地纷纷举行示威游行表示抗议。刘少奇积极地加入到游行行列，和同学们喊着口号走在游行队伍的前面，胸前挂着写有"毋忘国耻"四个大字的牌子，手持"内除国贼，外抗强权"的小旗，带领大家高呼"不当亡国奴！""取消《二十一条》！"等口号。因为他品学兼优，聪明机智，所以很快就成为学生中的领头人物。不久，五四运动爆发了，在北京大学学生邓中夏的宣传组织下，刘少奇和同学们准备去北京参加爱国运动。历经艰难困苦，刻苦学习的

他为了国家的危亡，为了自己的求学梦想，毅然登上了去北京的火车……

为了能够实现自己的救国理想，他决定申请一个留法勤工俭学的机会，并且进入河北保定育德中学附设的留法高等工艺预备班学习。在这里他主要学习法文、机械学课程和木工、钳工、锻工等技术。刘少奇学习非常刻苦，不仅起早贪黑地背法文单词和学习，而且对于技术、技能等课程也丝毫不放松，认真向老师学习。在工厂劳动实习时，他总是提前来到车间，帮师傅准备工具，检查机器；下班时，把机器和工具都整理得井井有条，还把车间打扫得干干净净。为了掌握好每一门操作技术，别人休息的时候，他留下来向师傅们虚心请教，并反复练习操作。在不到一年的时间里，他熟练地掌握了多项技能。

第二年，刘少奇以优秀的成绩毕业了。他赶紧申请去法国勤工俭学，但由于政策发生了变化，去法国的经费没有了着落，而收费标准比以前也提高了不少。这突如其来的变故，让历经千辛万苦，遭受许多挫折一路求学的刘少奇再次陷入痛苦之中。

虽然刘少奇吃了很多苦，受了很多罪，可是顽强不屈的他，并没有因此而动摇，他积极地面对生活和学习，接受先进的思想和理论知识的熏陶，为了实现读书救国的理想做着充分的准备。经过这次不平凡的北上之行，刘少奇变得更加坚强了，就像他离开家人时所说的：远离家乡，离开母亲，是为了祖国。

三、在莫斯科的"特殊"留学生活

一次偶然的机会，刘少奇在报纸上看到可以申请去俄国勤工俭学的消息，这让他很振奋。在随后的一年时间里，刘少奇在上海经过了刻苦的俄语学习，于1921年5月的一天，他和任弼时、萧劲光等同学登上开往海参崴的轮船，开始了他们的赴俄留学之旅。

由于当时政局不稳，战乱四起，刘少奇他们的这趟行程可谓危机四伏，困难重重。他们机智应对，躲过危险，安全到达赤塔。在赤塔他们找到了布尔什维克组织，在对方的帮助下，他们继续乘火车，穿越茫茫西伯利亚，向着莫斯科前进。最后的这段路程也不是那么顺利，战争的炮火硝烟让这一路走得很艰难，沿途是一片凄凉和凋敝，铁路设施被破坏得很严重，火车前行一段就要停下来修铁路，修好之后才能继续走，而且旅客经常要下车去搬运木柴给火车提供动力。就这样走走停停，经过了数十天的跋涉，他们终于到达了莫斯科。

过了一段时间，他们进入莫斯科的东方劳动者共产主义大学学习。

这所大学的教师大多由苏俄共产党员担任，学员们主要学习社会主义理论知识和俄语。由于教材都是俄文，所以刘少奇首先要攻克语言这道难关。性格深沉文静的刘少奇每天都早起晚归，如饥似渴地学习。

当时的苏俄处于严重的经济困难时期，粮食、煤炭等基本

生活资料非常缺乏，刘少奇和同学们的生活是很艰苦的。每人每星期只能分到不到一斤黑面包，而且有时候这些面包都发霉了，没有黄油和肉类，只有几个土豆。每天吃饭时得计划好吃多少面包，不然明天就会没饭吃。中午吃饭时有一个汤，是用海草、土

刘少奇 Liu Shaoqi

共和国领袖

豆煮的，有时候放点咸鱼调味。刘少奇和同学们每天都是在饥饿中度过的，连爬趟楼都很困难，因为没力气只能一步一步往上挪，中间还得休息几次。他们穿的衣服都是欧洲工人捐献的，不管大小，一人一套。欧洲人比中国人高大，衣服、鞋子自然比较大，不合身的衣服、鞋子穿在身上很滑稽。每只鞋都有两斤多重，走路稍不留神就会扭伤脚脖，脚上磨出水泡更是常有的事。

艰苦的生活考验着每一位在东方大学的中国学子，有些同学受不了这样的艰苦生活退学回国了。刘少奇自始至终坚定如初，从不叫苦，坚强地克服着眼前的困难。风华正茂的刘少奇明白，只有坚持不懈、努力奋斗，才能克服一切困难，成就一番伟大的事业，否则将一事无成。正是刘少奇的坚持不懈，使他不仅完成了自己在东方大学的学业，也锤炼了共产主义思想与情操。

1922年5月，刘少奇和其他一些中国青年一起，告别莫斯科，告别东方劳动者共产主义大学，踏上了返回祖国的征途，意气风发地投身到中国的革命斗争运动中来……

四、领导安源路矿工人大罢工

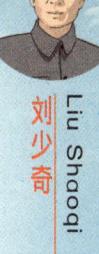

  1922年的中国，由于帝国主义和反动政府的压迫和剥削，各地纷纷掀起了罢工运动，反抗压迫。就在这时，正在粤汉铁路组织罢工的刘少奇，接到从安源赶回的毛泽东的通知，要他迅速赶往安源，领导安源路矿工人罢工。

  安源路矿是江西萍乡安源煤矿和株萍铁路局的合称。这里拥有13000多名工人，其中矿局工人12000多人，路局工人1100多人，这样的规模在全国并不多见。

  安源路矿的工人深受帝国主义、军阀和资本家的多重压迫和剥削，生活极其悲惨。在这样的工作和生活条件下，李立三和路局行车部总司机朱少连等人发起成立了安源路矿工人俱乐部，李立三担任领导人。这个俱乐部的成立，为罢工运动做了进一步的准备。刘少奇来到后，经过了一番周密的商谈和组织后，李立三、刘少奇等决定发起路矿工人大罢工。

  由于事先准备充分，俱乐部的罢工命令得到完满地执行。一时间工厂关门，矿井封闭，火车停驶，使得安源路矿陷入了瘫痪。路矿当局变得恐慌起来，他们软硬兼施，准备调集军队镇压工人罢工，工人们众志成城，没有被吓倒，反而团结得更紧密了。到了罢工第三天，路矿当局派人来请工人代表去谈判，年轻的刘少奇毫不犹豫地答应前往。

  在路矿当局的威逼利诱和恐吓下，刘少奇临危不惧，镇定自

若。面对威胁，刘少奇义正词严地告诉他们，不同意工人们提出的合理要求坚决不结束罢工，即使是面临死亡也毫不畏惧。经过了多次的斗争与谈判，路矿当局不得不签订了基本上答应工人要求的协定，坚持五天的安源路矿工人大罢工取得了胜利。

刘少奇 Liu Shaoqi

五、"白色恐怖"下骨肉分离

1925年春天的一个深夜，在安源路矿工人俱乐部旁的居民房中，刘少奇家的灯依旧亮着，刘少奇和妻子何宝珍正在商议着家中的一件大事。

刘少奇和妻子要前往广州筹备第二次全国劳工大会，如果他们把出生刚8个月的儿子带在身边会很危险，他们要做出艰难的选择，要将孩子留给其他工人抚养。妻子实在不忍心孩子这么小就离开父母，她说："不行，孩子才8个月，你就忍心让他离开妈妈？环境再坏再苦，我也要把他带在身边。"说着眼泪流了下来。其实刘少奇心里也很不愿意离开孩子，可是为了工作他劝妻子说："在广州我们随时都有牺牲的可能，万一发生不测，孩子的处境会更糟。"在他耐心的劝说下，妻子沉默了片刻，擦掉眼角的泪水说："我听你的，服从革命的需要。不过，孩子一定得交给信得过的同志抚养。"刘少奇说："你放心。我已经想好了，朱少连同志没有儿子，咱们就把孩子托付给他养，你看怎么样？"何宝珍想了想，点头同意了。

在他们临行的前一天晚上，朱少连夫妇来刘少奇家接孩子，斌斌（刘少奇孩子的小名）见到叔叔和阿姨来了，还以为像平时那样逗他玩呢，欢快地张开双臂，扑向朱少连爱人的怀抱。刘少奇和何宝珍看到这个情景，心里一阵酸楚，强烈的惜别之情涌上

心头。何宝珍又抱过儿子，贴着孩子的小脸蛋亲了又亲。

朱少连夫妇看到后安慰说："别难过，我们保证把斌斌抚养成人。长大之后，他还是姓刘，18年以后，还给你们一个出类拔萃的儿子。"刘少奇笑了起来，挥挥手说："姓朱姓刘都一样，只要他长大成为一个对革命有用的人就行。"

刘少奇 Liu Shaoqi

六、叱咤风云

1925年5月15日,上海内外棉七厂的日本资本家为了镇压工人的罢工斗争,枪杀了中国工人顾正红,这件骇人听闻的事件引起了工人的极大愤怒,随后工人举行罢工抗议。当时的中共中央根

共和国领袖
gongheguo lingxiu

据这一形势,准备在学生和工人中发动大规模的反抗示威活动,全国总工会委托刘少奇从广州赶往上海协助工作。

同年6月初,刘少奇匆匆赶到上海,被任命为上海总工会总

务主任,负责工会的日常工作。由于在这方面有着非常丰富的斗争经验,内部工作的领导责任自然落到了未满27岁的刘少奇的肩头。

随着罢工运动的开展,上海总工会的领导工作异常繁忙,刘少奇有时候几乎没有吃饭的时间,一刻不停地认真工作着。大罢工开始后,工人领不到工资,失去了经济来源,刘少奇通过各种办法,从全国各地争取捐款,解决工人的生活困难。通过有效地开展工人运动,震慑反动派取得了很好的成效,最终迫使资本家们做出了退让。

但是,随后的情形变得紧张起来,帝国主义不甘心就这么认输,派军队向工人施加压力。天津、青岛等地的工会领导人先后遭到逮捕或杀害。面对这些危险,刘少奇等领导人丝毫没有畏惧,还是照常到总工会办公,工人们也组织起80人的纠察队,日夜保护总工会。过度的劳累使得刘少奇的肺病复发了,以致最后病倒了。在党的正确领导下,经过艰苦的斗争与争取,资本家同意了工人提出的部分要求,工人运动取得了一定的胜利。

在胜利的背后,刘少奇付出了辛勤的劳动。1925年10月,《上海总工会三日刊》上发表了一篇名为《刘少奇的奋斗》的文章,报道了刘少奇为工人运动作出的卓越贡献和忘我的奋斗精神。

七、记住你们的母亲

1934年,由于李德、博古等人的错误领导,使得中央苏区的第五次反"围剿"失败,中国共产党不得不进行转移,红军主力被迫进行长征。刘少奇随中央红军主力撤离中央苏区,开始了艰苦卓绝的长征。在长征途中,刘少奇的妻子何宝珍被国民党反动派杀害了。听到这一不幸的消息,刘少奇悲痛万分。

当初,何宝珍送刘少奇前往中央苏区后,根据党的决定,留在

刘少奇 Liu Shaoqi

上海坚持战斗,主要是从事对被捕、遇难同志及其家属的救援工作。1933年3月,为了营救北部的中华海员工会党团书记廖承志,她被国民党特务盯上,最后被捕,在南京雨花台英勇就义,献出了32岁的宝贵生命。

由于斗争环境的严酷,刘少奇和何宝珍的三个子女也是从小

共和国领袖
gongheguo　lingxiu

就离开父母，沦落他乡，历经了千辛万苦。这几个孩子都隐姓埋名生活在贫苦的农村，过着饥寒交迫的生活。其中，刘少奇在撤离武汉的时候，把还不满周岁的女儿爱琴托付给汉口一位工人，由于组织提供的补助中断，爱琴又被卖到一户人家当童养媳，小小年纪就过上了经常被打骂的奴婢生活。二儿子允若被送给一个贫苦农民做养子，十几岁就到上海当学徒，经常以卖报纸、捡破烂为生。最后，经过很多周折才回到父亲身边。

在得知自己妻子牺牲的消息后，刘少奇称赞妻子是"英勇坚决，为女党员之杰出者"。在自己的儿女回到身边后，刘少奇告诉他们："一定要记住你们的母亲，学习你们母亲的精神，要知道她为什么牺牲，国民党为什么杀害她。"

八、论共产党员的修养

刘少奇在理论工作上的突出贡献之一是他在延安马列学院作的《论共产党员的修养》的报告。这一报告成为刘少奇同志在理论建树上的一座丰碑，也是他作为马克思主义理论家的不朽之作。而在这篇文稿的写作过程中，还有一个鲜为人知的故事。

那是在1939年，刘少奇当时在延安工作，和他做邻居的是另一位马克思主义理论家张闻天。二人都对理论研究有着浓厚的兴趣，一有空闲他们就聚在一起探讨理论问题。有一天，两人在一起讨论的时候，刘少奇对张闻天说："最近，我一直在考虑一个问题。现在，从全国各地奔向延安的大批革命青年纷纷要求入党，这些人一方面有革命热情，另一方面缺乏对共产党的基本认识，所以，对他们进行党的基本知识教育是一个十分迫切的任务。"张闻天也深有同感，因为最近一段时间他也在考虑这个问题。

当时，张闻天负责中央宣传部和干部教育部的工作，又是马克思列宁学院院长，同时兼任中共中央机关刊物《解放》周刊总编辑，关于党的建设工作是他职责内的事情。因此，张闻天问刘少奇："你能不能来学院讲讲这个问题？"刘少奇说："党的建设的其他内容我就不讲了，要讲就讲共产党员的修养吧。"

7月8日，刘少奇在延安蓝家坪马列学院的广场上进行演讲，前来听演讲的学员席地而坐，认真听他演讲。刘少奇开门见山地

刘少奇 Liu Shaoqi

说："同志们，我要讲的是共产党员的修养问题。现在讲这个问题，对于党的建设和巩固具有现实意义。"紧接着，他将理论结合实际，将工作中出现的各种问题进行了深入的分析。他强调，共产党员要结合党的阶级性质、最高理想、当前任务，在革命实践中努力加强个人的思想、品德、作风修养，把马克思主义世界观同中华民族的优良思想道德结合起来，不断提高思想政治素质……他的讲话使学员们苦于找不到答案的很多问题变得容易理解了。大家都全神贯注地听刘少奇演讲，用心地记着笔记。

演讲的效果很好。张闻天高兴地祝贺刘少奇，并鼓励他将这次演讲整理成文章在《解放》周刊上发表，让更多的同志学习。刘少奇欣然答应了，并夜以继日地将这次演讲整理成了4万字的文章，题目就叫《论共产党员的修养》。

在文章发表前，责任编辑吴黎平将稿子送给毛泽东审阅。看完稿子，毛泽东称赞道，这篇文章很好，"提倡正气，反对邪气，应尽快发表"。

九、第一次指挥战斗

抗日战争爆发后，国民党和共产党实现了合作，联合起来共同抗击日本帝国主义。然而，没过多久国民党继续推行反共政策，破坏抗战。1939年10月，同中国共产党合作的国民党安徽省政府主席廖磊因病去世，省政府主席后由李品仙继任。李品仙上任之后推行反共政策，并且改组了委员会，解散进步团体，召开县长会议讨论镇压共产党，想消灭刘少奇当时所在的我新四军第四、五支队。这两个支队在这危急关头因缺

少指挥人员，随时都有危险。刘少奇临危受命，开始了他第一次直接在战场指挥战斗的生涯。

面对李品仙部队气势汹汹的猛攻，刘少奇沉着稳定，仔细分析了敌我实力，决定先采用缓兵战术，为以后的战斗赢得宝贵的时间。然而敌人的这次进攻显然是蓄谋已久的，十分凶猛，步步紧逼。另一方面，国民党反动派残害新四军干部和家属，手段极其残忍。为了反击这股顽固派的进攻，刘少奇调动在路东的新四军第五支队主力和苏皖支队陶勇部，连夜赶到路西，支援第四支队。待部队会合后，他们集中第四、五支队主力，先将南部进犯

的李本一部队击溃，乘虚占领定远县城，迫使颜仁毅撤兵支援，然后再围堵颜部，予以消灭。这次战斗歼灭敌人2000多人，粉碎了他们的进攻，取得了首战的胜利。

　　然而，苏北的韩德勤又趁新四军第五支队主力西调、路东地区空虚之机，调集6个团10000多人，想夹击消灭第五支队。在力量悬殊的困难条件下，刘少奇动员群众，激战8个昼夜，打退韩德勤的多次进攻，保住了半塔集阵地。3月28日，新四军猛将罗炳辉率第五支队主力、苏皖支队和第四支队第七团回师路东。刘少奇又通过调动在苏北江都一带活动的叶飞部挺进纵队，抢渡运河向西支援，在六合县境给了韩德勤主力以沉重的打击。在新四军的进逼下，韩德勤部队仓皇撤退，新四军乘势追击，将他们赶过了淮河，取得保卫战的胜利，从而创造了在对方优势兵力围攻下固守待援、打守卫战的成功战例。此役受到了陈毅同志的赞赏，肯定了刘少奇在这次指挥战斗中的功劳。

十、鞋子张开"狮子口"

在1941年1月,发生了震惊中外的"皖南事变"。事变发生后,刘少奇接到命令,出任新四军政治委员,同新四军代理军长陈毅等重建新四军军部,领导整编部队,恢复和发展长江中下游地区的抗日武装力量。因此,刘少奇每天都忙着新四军的重建和整顿工作,他把所有的精力都花在了工作上,而对自己的生活琐事,从来都不放在心上。

一天,警卫员看见刘少奇的鞋子已经破了,连脚趾都露出来了,就笑着和他开玩笑说,刘政委的鞋子是"狮子张口"。还有好多同志也劝他换双新鞋,刘少奇不同意换,并打趣说:"这双鞋跟着我从陕北走到这里,可以说是劳苦功高,有感情啦!让鞋匠补补还能穿嘛!"他告诉大家别把心思用到他的身上,要多为四万万同胞着想。

有一次,刘少奇和陈毅等新四军领导人开会,时间长了,刘少奇便架起了二郎腿,正好把他那双"狮子口"鞋暴露了出来。陈毅看到后禁不住偷偷地乐了起来,但他没有当面告诉刘少奇。陈毅知道,这样告诉刘少奇,他肯定不会换的,还是找机会出其不意地让他把鞋换了。过了几天,陈毅拿了一双新鞋来到刘少奇的房间。一进门,他就指着刘少奇脚上那双鞋笑着说:"你这是啥子鞋哟?都张开'狮子口'了!"刘少奇低头看看,也笑着说:"穿了多年,老交情了,舍不得丢了嘛!"陈毅就把那双新

鞋放到他面前,说:"换上新的吧!"刘少奇还是想推辞不换,陈毅马上变得严肃了起来,说:"你不换?好,我是军长,现在就以军长的身份命令你,马上换上新鞋!"刘少奇说:"你是军长,开口就是命令,做思想工作也没点耐心,我不服从你怎么办?"说完两人都哈哈大笑起来。

就这样,在陈毅的"命令"下,刘少奇换上了那双新鞋。

十一、叫警卫战士把子弹留下

1942年3月，担任中共中央华中局书记和新四军政治委员的刘少奇，接到中央让其返回延安的命令，遂带领华中赴延安干部，在八路军第一一五师一个团的护送下，从苏北返回延安。由于当时的日军在华北实行野蛮的全面封锁政策，到处修建壕沟、碉堡和工事，企图隔绝我敌后抗日根据地之间的联系，所以，刘少奇他们这次途经江苏、山东、河北、河南、山西、陕西六省，穿过日伪军的100多道封锁线就显得十分艰险和困难。

为了确保刘少奇等人的安全，部队选派了骁勇善战的战士护送他们，配备了新枪和充足的子弹，还有手榴弹。一天夜里，当他们进入山东境内时，与铁道游击队的王政委接上了头。王政委把他们接到了隐蔽在微山湖芦苇丛中的几条船上，向刘少奇汇报情况。他向刘少奇介绍铁道游击队以微山湖为中心，在津浦、陇海线一带破坏铁路，炸毁火车，打得日军心惊胆战。刘少奇听了很高兴，就问他们有什么困难没有。王政委犹豫了一下说："最缺的就是子弹。"听到这些，刘少奇想了想，把警卫战士叫了过来，说："把你们带来的子弹留下一些给游击队。"战士们听完都不说话。因为他们担心要走的路还很长，遇到敌人怎么办？这时，警卫班长说："我们要向党、向首长负责。任务重，子弹少了不行。"

"他们打鬼子，子弹少了也不行。你们的任务是保护我，子

共和国领袖

gongheguo lingxiu

弹少了没关系，子弹打光了，我以后负责给你们补。"刘少奇耐心地说服大家。

　　战士们知道刘少奇的脾气，他们见拗不过就不情愿地从腰间拿出些子弹。刘少奇看见他们拿的是一些带钢锈的子弹，摇头说："这可不行，要给人家，就给最好的，给些质量不好的，等于没给。同志们，要从抗日的大局出发考虑问题。"刘少奇的这番话让战士们很感动，他们连忙收回了带钢锈的子弹，重新挑了质量好的子弹，交给了王政委。

十二、"安泰"的启发

刘少奇
Liu Shaoqi

1945年4月的一天,中央妇女委员会的干部罗琼如约到刘少奇那里去送一份稿子请他修改。改完之后,刘少奇就问罗琼:"你读过《联共(布)党史简明教程》吗?"罗琼回答说:"我读

共和国领袖
gongheguo lingxiu

过。""那你知道最后一章'结束语'讲的是什么吗？"刘少奇继续问道。这下可难住了罗琼，她想了半天也没有回答上来。刘少奇见她说不上来，就笑笑说："是讲一个故事。你能想起来是什么故事吗？"刘少奇想再启发一下罗琼，可是罗琼还是没有想起来。于是，刘少奇就耐心地给她讲述了那个故事。他说："最后一章的故事讲的是在希腊神话里有一个大力士叫安泰。他的力量来自抚育他成长的母亲——地神，当他立在地面的时候，力大无穷，而脱离地面的时候，力量就消失了。有一次，敌人利用他这个弱点，把他举到半空中，杀死了他。"

罗琼刚开始没明白这个故事是什么意思，听着听着就理解了刘少奇同志给她讲这个故事的用意。原来，刘少奇是把做群众工作的干部比做"安泰"，把人民群众比做"地神"，用这个故事来说明共产党人脱离群众的危险性。听完之后，罗琼明白了刘少奇的良苦用心，就用检讨的口吻说："以前，读这个故事没有领会，也没有理解这个故事告诉我们的深刻道理，今天在您的指点和讲解下，我明白了，我以后也会牢牢记住这个道理。"刘少奇微笑着说："以前没理解没关系，以后可要记住这个故事的道理，认真地为人民服务，做人民的好公仆，才能获得人民给予的强大力量。"

刘少奇 Liu Shaoqi

十三、每天就拉一百下

在抗日战争时期，由于条件艰苦，刘少奇得了肩周炎，这种疾病严重地影响了他的正常工作和生活。新中国成立后，国家的建设事业百废待兴，很多工作都要刘少奇同志亲自处理、批示。每天繁重忙碌的工作使他的肩周炎又复发了。有时手臂疼痛难忍，活动起来很困难，直接影响了工作。

医生小宋给

共和国领袖
gongheguo lingxiu

  他检查之后，建议他把一根绳子吊在高处，两只手各攥住一头，然后用力上下拉动，锻炼患病的胳膊。做这种运动，不仅需要耐力，更需要毅力。因为每做一下这个动作，患处就会非常疼痛。大家都为刘少奇同志担心，怕他不能坚持下去。临走时，刘少奇问小宋："我每天拉多少下？一百下够吗？"小宋顺口就说："可以吧。"刘少奇就点点头走了。从此，每天刘少奇都会在院子里坚持做拉绳运动。

  有一天，医生小宋路过刘少奇的门口时看见他正在拉绳，就停住脚步，躲在一旁偷偷地看。只见刘少奇一边用力拉绳，一边还在数着数："一、二、三……一百。"拉完一百下就停下来休息片刻，他的那种全神贯注的认真劲儿很让人感动。当看到刘少奇咬着牙，忍受着疼痛坚持锻炼时，医生小宋心里也很不好受。看见刘少奇同志停下来了，小宋问："少奇同志，您每次真是不多不少就拉一百下吗？"刘少奇笑着说："那当然，这是你告诉我的嘛！我肯定要按医生的嘱咐办嘛。"刘少奇对工作和生活一丝不苟的作风可见一斑。

刘少奇 Liu Shaoqi

十四、秘密访苏之行

在新中国成立前夕，为了取得苏联对新中国政治、经济、外交各方面的支持，中共中央决定成立以刘少奇为团长，高岗、王稼祥为成员的代表团，赴苏联秘密访问。1949年6月20日，刘少奇等乘火车离开北京，经过几天的奔波，在26日下午两点到达目的地——莫斯科。中国代表团受到热烈欢迎，随后被安排住在莫斯科城内的一个公寓里。

按照毛泽东的指示，中国代表团在进行了两天的准备之后，刘少奇以中共中央代表团团长的身份，向斯大林提交了一份1万多字的书面报告。报告中，谈到了目前中国革命的形势，以及建立新中国之后的一些相关问题。斯大林读完之后完全赞同中方的这些观点，并说："少奇同志的报告写得十分清楚、明确，我们都看过了，没有问题。"听到这些话，大家都很振奋，对于接下来的中苏双方的正式会谈更加有信心。在接下来的会谈中，刘少奇一边及时把在苏联会谈的内容和情况向毛泽东汇报，听取他的意见；一边将中央的意见以书面的形式递交给斯大林。每天刘少奇还要准备会谈的一些内容和方案，几乎都是工作到深夜，仿佛不知疲倦。在他和其他成员辛勤努力的工作下，双方会谈取得了很大的成果。斯大林对刘少奇表现出了充分的信任和尊重，每次会见他都是聚精会神地倾听刘少奇的每一句话，并对刘少奇提出的真知灼见表示出同意和赞赏。

共和国领袖
gongheguo lingxiu

经过了一个多月的努力工作,刘少奇成功完成了访苏的所有任务与项目。在此期间,刘少奇自始至终以充沛的精力、振奋的精神,带领代表团的同志们进行了多方面卓有成效的工作,受到了斯大林以及其他苏联同志的赞赏。8月14日,刘少奇带着成功的喜悦踏上了归国的行程。

刘少奇 Liu Shaoqi

十五、视察"新村",反对虚报

建国初期,社会主义建设事业不断推进,但后来出现偏差,全国范围内迅速掀起了"大跃进"的高潮,脱离实际的"浮夸风"现象开始盛行。1958年9月,刘少奇为了调查这一严重的问题,来到了河北省徐水县,参观当时影响很大的徐水"共产主义试点县"。

来到徐水县之后,县负责人汇报今年有的地方一亩地播撒小麦种子350至500公斤时,刘少奇产生了怀疑,说:"500公斤小

共和国领袖
gongheguo lingxiu

麦种子就是1500万棵苗,这恐怕就是草也长不起来吧!"一句话将负责人说得哑口无言,谎言也不攻自破了。在视察中,刘少奇发现徐水的"共产主义新村",其实只是在一些房子上分别挂上"食堂"、"俱乐部"、"养老院"、"托儿所"的牌子,不要说新房子,连必要的设备都没有。看到这些,刘少奇心里很忧虑,这种虚报浮夸风要是不及时纠正,社会主义建设将面临更多的困难,人民的生活也将会陷入更加艰难的境地。所以,在视察完徐水"新村"之后,刘少奇在同县委负责人的谈话中说:你们有积极向共产主义前进的理想,这个积极性是好的;把集体所有制变为全民所有制,这是一定要变的,但转变的方式、方法和步骤要好好研究,不要着急。

随着调查的深入,刘少奇看到全国各地虚报粮食产量的现象越来越严重,报纸宣传也是不核实就报道,这让他更加忧虑。在与地方负责人的谈话中,他说:"现在许多地方的产量我看都要打折扣,报纸登的也不符合实际,不能全怪报纸,是你们地委、县委自己报的。问题是干部作风,要反对说假话,要反对这种虚报浮夸的作风,要踏实一点。"刘少奇发现的问题得到了毛泽东的认可,相继在多次会议中提出纠正这些错误,并取得了成效。

刘少奇 Liu Shaoqi

十六、对待科学理论要认真

安娜·路易斯·斯特朗是美国进步作家和记者,从1925年起多次访问中国。她曾经用充满文学色彩的语言,描绘刘少奇给她留下的印象。她说:刘少奇是仅次于毛泽东的主要的马克思主义理论家。在延安时期,工作之余的舞会上,他跳起舞来有一种科学的精确性,一板一眼的,犹如二加二等于四。在跳过似乎有点拘泥于算术式的步子后,便会来几下兴奋而奔放的舞步向高级数学领域迈进,大约跳三次舞当中便有一次这样的表现。这同他写的文章一样,在精确而规范的文章中,偶尔也使用一些鲜明的比喻。

刘少奇对工作、对学习,也是认认真真,一丝不苟。他对学习抓得很紧,书架上摆满了马克思、恩格斯、列宁和毛泽东的著作,还有《资治通鉴》等历史书籍。不管工作多么忙,当天的报纸和重要资料他总要认真地看完,才算结束一天的工作。有时工作忙得连轴转,睡觉都顾不上,但读书看报却从未间断过。有一个时期,他经常翻阅《资治通鉴》,看得十分认真。原来是毛泽东在一次会议上讲了一个出自《资治通鉴》的典故,刘少奇为了深刻理解这个典故的现实意义,回来便仔细研读原著。

由于工作繁忙,刘少奇很少休息,也没有完整的时间进行学习,有时安排他休息一段时间,往往要政治局常委正式做出决定。就是在不得已去休息的时候,他还要带上一些文件继续办

公。后来，保健部门只好规定：少奇同志休息，必须离开家，不准带文件。他不好违反规定，就把集中休息变成了集中读书的好机会，范文澜写的《中国通史简编》、苏联的《政治经济的教科书》等书籍，都是他利用休假时间研读的。

刘少奇 Liu Shaoqi

十七、说实话，不要黑白不分

1953年秋天，刘少奇同志托人给家乡的农会主席王升平捎去口信，让他选派忠诚老实、敢讲真话的老农到北京来谈谈心。收到这个口信后，王升平很高兴，因为在王升平心里有很多话想对刘少奇说说，可是他当时只有20多岁，离"老农"还差一大截，他只好写信，请人转送刘少奇。

王升平只读过半年书。要说干农活，他可是行家里手，而舞文弄墨，那真是"赶鸭子上架——费劲"。可说来奇怪，他这次一拿起笔，写起家乡的情况，心里话就顺着笔尖不断流淌，一口气写了六页。一个月后，他收到了刘少奇的回信。信的大意是：谢谢你反映了许多真实情况。希望你以后每年写一两封信来，一是一，二是二，不要隐瞒，不要夸大。看到这些，王升平很是振奋，写信的劲头更足了。1961年刘少奇回家乡视察，第一个会见的就是王升平。见面的头句话就是："这两年你怎么不给我写信了啊？"王升平听完感到很奇怪，说："信？我年年都写啊！大概写过七八封了。""那我怎么就只收到四封啊！"刘少奇接着说。王升平感到更加奇怪了，说："怎么会呢？是不是在路上丢了啊？"刘少奇听完这些心里明白了，信十有八九是被有关部门给扣下了。刘少奇同志沉默了一会儿，又问："说说看，你都写了些什么啊？""主要反映'大跃进'以来乡里发生的事情。什

共和国领袖

么平山挖树砌凉亭啦,屎湖屎海广积肥啦,粮食亩产破万斤啦,还有共产主义大食堂啦……"不等王升平说完,刘少奇便打断他的话问:"这些事情到底好不好?"

刘少奇这样突然一问,王升平不说话了。刘少奇看出他有顾虑,便鼓励说:"你不要怕,白是白,黑是黑,不要黑白不分嘛!""缺点讲得讲不得?"王升平试探着问刘少奇。"只要是事实,缺点优点都讲得。"刘少奇鼓励他继续讲下去。王升平看到刘少奇同志对自己讲的事情很重视,就慢慢地将乡亲们对"大跃进"的不满一股脑儿都讲出来了。刘少奇听到后心里感到了压力,对于王升平能够敞开心扉畅所欲言,他给予了肯定。这次视察,刘少奇了解了大量在北京了解不到的真实情况。

十八、四个不准

1955年的一天下午,刘少奇下班回到家,看到孩子们的房间里有一台收音机。在那个时候,收音机是高档家用电器,一般人家是买不起的。而在刘少奇机要秘书的办公室里,也只有一台军

共和国领袖
gongheguo lingxiu

用发报机改装的收音机，是为工作需要而配备的。

刘少奇就问自己的女儿平平："收音机是哪里来的？"平平说："是杨叔叔给的。"于是刘少奇就找到秘书杨俊问道："你为什么要送收音机给孩子们啊？"杨俊说："孩子们很喜欢听收音机里的节目，他们经常到我这里来听。不让来，怕伤害孩子们的感情；让来，又觉得不方便。后来，就和一个单位联系，准备用一台大收音机换几台简单的小收音机。对方一听就立刻送来几台。"刘少奇明白收音机的来历后，批评说："怎么能随便向人家要东西呢？赶快给人家送回去。"秘书只好把收音机送了回去。

对于别人送的东西，刘少奇都要追根问底，如果是没有说明准确来由的东西，他一律让秘书给退回去。刘少奇还教育自己的孩子不能随便接受别人的礼物，他认为这是非常不好的习惯。这样反对搞特殊化的例子，在刘少奇身上有很多。有时秘书们觉得不问理由便把人家送来的东西都退回去，会使人家难堪。可刘少奇说："你这回退了，他下次就不送了。"每次出差时，刘少奇都要亲自嘱咐工作人员："不准通知人家接送，不准接受礼物，不准请客吃饭，不准前呼后拥地陪同。"时间长了，秘书们就将这"四个不准"当做纪律严格遵守了。

十九、对警卫员无微不至的关怀

刘少奇对工作一丝不苟，做每件事都极其认真，对于身边的工作人员也是关怀备至，嘘寒问暖。有空的时候，他就会找他们谈话，了解他们的情况，指导他们的工作。因此，每个在刘少奇身边工作的人都特别尊敬和爱戴刘少奇同志。

一个初夏的晚上，突然下起了倾盆大雨，天上电闪雷鸣。此时，刘少奇正在办公室里批阅文件。他朝窗外看了看，发现一名警卫员仍在雨里站岗，连忙走出办公室，叫警卫员到屋里避避雨。可是，警卫员看了看，笑着摇头说："没关系，我穿着雨衣呢。"刘少奇还是要他进来。那位小战士说："这是规定，我必须坚守岗位。"听到这些，刘少奇才没有坚持叫他进屋避雨。

有一次，刘少奇在和其他同志交谈的时候，得知那位在雨中站岗的警卫员还不是共产党员。于是，刘少奇就找到他说："共产党是一个了不起的党，她身上寄托着中华民族的希望，你要好好干，一定要争取入党，更好地为人民服务。以后有空多找小组长谈谈，让他多帮助你进步。"

听了刘少奇的亲切话语，这位警卫员很感动，他没想到工作十分忙碌的刘少奇也不忘关心他一个小小的警卫员，这给了他无比的动力。在刘少奇的帮助下，这位警卫员进步很快，终于加入了中国共产党。

许多年后，每当这位警卫员回忆起这段往事的时候，都是热泪盈眶,并感慨地说:"多亏刘少奇同志的关怀,是刘少奇同志帮助我取得很大的进步,我很感激他。"

刘少奇 Liu Shaoqi

二十、请出示通行证

作为党和国家的主要领导人，刘少奇历来自觉遵守各种制度，从来不会因为自己是领导人就随便地不去遵守。他还经常教导他的警卫员和秘书们，要认真遵守各种规章制度，不要随便以工作的名义去违反制度。刘少奇认为，制定制度的人同样不能免除制度的约束，领导干部更不能有超越制度的特权。

有一天，吃完晚饭后，警卫员陪同刘少奇在中南海散步。他们边走边谈，不知不觉走出了好远一段路，来到一个路口。哨兵伸手示意他们止步，并要求他们出示通行证。因为中南海是党中央和国务院办公的地方，里面分成若干个工作区，各部门工作人员如果跨区活动，必须经过特许，如果没有通行证，哨兵就有权阻挡。

警卫员看到这个哨兵连刘少奇同志都拦，正想批评他，可当看到这名哨兵是一位新战士时，就赶紧说："这是刘少奇同志。"听到来人是刘少奇同志，哨兵很为难，但还是很认真地说："上级有规定，没有通行证，任何人都不能入内。"这时警卫员有点生气了，正准备和哨兵理论，却见刘少奇笑眯眯地说："这位同志做得对，咱们回去吧。"说完就转身往回走。

在路上，他嘱咐警卫员说："不要告诉那个哨兵的领导，他做得对。"过了片刻，他指着远处停泊的小船，很有兴趣地说："走，咱们到那边去看看。"原来，他把刚才的事已经忘在脑后了。

二十一、关怀下一代

  1959年的大年初二,北京饭店的大厅里灯火辉煌、欢歌笑语,充满了节日的喜庆气氛。共青团北京市委等单位正在这里举行少先队辅导员春节联欢晚会。刘少奇也来参加联欢晚会了,只见他身穿朴素的深蓝色制服,微笑着向大家挥手。辅导员和同学们看见后激动万分,纷纷鼓掌欢迎刘少奇同志。

  当音乐响起来的时候,刘少奇主动邀请辅导员跳舞,边跳边话家常,关心地询问大家的工作和生活情况。休息时,刘少奇和辅导员代表座谈。辅导员们畅谈几年来从事辅导员工作的体会,介绍引导学生关心社会主义革命和建设、组织参观工厂农村、开展种植蓖麻的活动,以及加强劳动教育等情况。刘少奇对辅导员们的辛勤劳动表示赞赏。当谈到组织少年儿童参加社会生产劳动时,他说:"中小学生应该以学习为主,适当地参加一些劳动。安排劳动要注意他们的特点,形式要灵活多样,小孩子参加劳动,主要是培养对劳动的兴趣,养成劳动习惯。"他还鼓励辅导员们:年轻人要树立远大理想,不要怕自己一时吃亏,要相信,在农村中,学到的知识是大有用处的。同时,年轻人在参加农业生产劳动过程中也不要停止学习,要利用业余时间和农闲时间继续学习,将来有机会还要上大学。在他看来,要树立劳动观念,要积极地面对困难,让自己在劳动中收获,这样才能够培养自己坚强的意志,成为有用之材。

　　不知不觉中，一个小时的时间就过去了，大家觉得还有很多话要讲，意犹未尽。当听说刘少奇去飞机场迎接了出国访问归来的周总理和路过北京的越南领袖胡志明主席，饭都没顾上吃就赶来参加联欢晚会时，大家都劝他早点回去休息。可是他还是坚持来到大厅，和其他辅导员交谈，交流、了解情况直到深夜。这一切让大家都深受感动，更加敬佩刘少奇同志。

二十二、发糖果喽

1958年的夏天,刘少奇到天津视察工作。有一天,刘少奇在路过鸿顺里居委会托儿所门口时,被院子里传出的童声稚语所吸引,情不自禁地想进去看看。临进门时,他嘱咐了秘书一些话,然后就自己一个人进去了。

正在院子里玩耍的孩子们见来了客人,纷纷停下游戏,拍手表示欢迎。刘少奇也笑着向孩子们招手问好。这时秘书拿着一袋糖果走了进来。原来,刚才刘少奇是让秘书去给孩子们买糖果了。刘少奇接过糖果,一个一个地分给孩子们,孩子们拿到糖果特别高兴。发完糖果,刘少奇拉着一个小孩子的手问:"你叫什么名字啊?几岁了?"孩子高兴地告诉了他,刘少奇高兴地摸了摸孩子的头。接着,他又转身问另一个孩子:"喜欢这个托儿所吗?这里的饭菜好吃吗?"孩子们异口同声地说:"喜欢,好吃。"刘少奇看着孩子们欢快的神情,愉快地笑了。

忽然,一个大点儿的孩子盯着刘少奇,笑着说:"我认出来了,您是刘少奇伯伯。屋里还有您和毛主席在一起的相片呢。"听到他这么一说,孩子们一片欢腾,围在刘少奇身边,齐声喊:"刘伯伯好!刘伯伯好!"刘少奇也高兴地回答:"小朋友们好!希望你们好好学习,天天向上!"接着,他转身对幼儿园的老师们说:"大家辛苦了,感谢你们把孩子们养育得这样健康。

你们肩负着培养下一代的重任,是社会主义祖国大花园中的园丁啊。"老师们听后也纷纷鼓掌表示感谢刘少奇同志对师生们的关心。此时鸿顺里托儿所里一片欢声笑语,大家都沉浸在愉快的气氛中。

二十三、共产党人要讲真话

1957年春天,刘少奇沿着京广铁路南下赴河北、河南、湖北、湖南、广东五省,调查如何正确处理人民内部矛盾的问题。他在调查过程中发现,一些地方的负责人存在不敢讲真话、怕讲真话的问题,这引起了刘少奇的深思。

在一次有很多干部参加的座谈会上,刘少奇给他们讲了一个《孟子·离娄》中的故事。

古时候,齐国有一个人,娶了一妻一妾。这个齐国人每天都出去,而且每天都是酒足饭饱之后才回家。这样过了几天,他的妻子很奇怪,就问他:"你每天都和什么人在一起吃喝啊?"这个齐国人就吹牛说:"和我一起吃饭喝酒的人,都是些有钱有势的体面人物。"说到这里,刘少奇笑了笑说:"这个齐国人的谎言很快就会被拆穿的。因为他的妻子怀疑他说的是假话,事实上从来没有有钱有势的人来他的家里做客呀!"

到了第二天一大早,这个齐国人又和往常一样出去了。他的妻子就跟在他的身后看他到底去哪里。她看见她的丈夫穿街走巷,竟没有一个人理睬他。随后,就看他来到了东郊的一片坟地,向拜祭祖坟的人乞讨剩下的酒和饭菜来吃。然后,又东张西望地上别处去乞讨。看到这些妻子就生气地扭头回去了。这个齐国人回到家之后,被妻子狠狠地嘲笑了一顿,可他还扬扬自得,不晓得自己的谎言已经被揭穿了。

共和国领袖
gongheguo lingxiu

　　刘少奇讲完这个故事后,收起了笑容,严肃地对大家说:"你们看,这个齐国人用吹牛皮和说谎话来过日子,就连自己的老婆都看不起他。这个故事告诫我们共产党人要经常反省,向党讲真话,有一说一,有二说二,反映真实情况讲真话才是最重要的。"

二十四、到矿井下面去看看

刘少奇 Liu Shaoqi

1958年，为了调查研究全国经济发展和了解人民的生活状况，刘少奇开始了他长达120多天的外出视察。在这次视察中，刘少奇的足迹遍布了全国多个省市，每到一个地方，他都非常关心人民的生活和工作，体察民众的疾苦。可以说，他的一言一行都是为人民着想，这也成为他人格魅力的真实写照。

在视察河北省开滦煤矿的时候，他先听取了煤矿领导的汇报。听完后，他要求到矿区去看看工人的生活和工作环境。来到工人生活区，刘少奇在浴室周围转了一圈，看了看浴室的设备情况和周围的环境，比较满意。这时有一位工人从浴室出来了，刘少奇就主动上去和他搭话："你们现在生活得怎么样？"工人笑着说："还可以，比以前好多了。""那你们每天都吃什么啊？"刘少奇接着问。工人生硬地说："吃大米。吃不惯那玩意儿，吃得再多，肚子也不饱。"听到这些话，刘少奇笑着说："哦，吃不惯啊。你们要和大米交朋友。我是南方人，爱吃大米，可到了陕北，就得吃小米，和小米交朋友。你们河北缺粮，大米都是从南方调运过来的。不吃大米，粮食就不够，要锻炼锻炼肠胃嘛。"听到刘少奇的这番话，工人不好意思地笑了。

接着，刘少奇又要求到井下去看看。警卫员担心他的安全，就婉转地说："矿井很深，工人们都在作业，就不去了吧？"刘少奇说："矿井有多深，我还不知道？30年前，我在安源煤矿经

刘少奇 Liu Shaoqi

常下井。走，下去看看！"说着就开始穿下井的工作服，戴安全帽，坐上吊车准备下井。刘少奇来到采煤的掌子面，就听到坑道里机器轰鸣，周围煤尘飞扬，整个矿井仿佛都在颤抖。在刘少奇旁边，警卫员时刻紧张地护卫在左右，生怕发生危险。刘少奇大步向前，查看生产情况，兴致勃勃地和工人谈话，询问他们工作和生活上的事情。工人们看到刘少奇亲自来到矿井看望他们，都十分感动。

　　在井下，刘少奇与大家一谈就是一个多小时，工人们心里热乎乎的，向刘少奇倾诉着心里话。最后在工作人员的再三劝说下，他才和工人们道别，回到了地面。

二十五、列车上的"微服私访"

1958年7月12日的傍晚,在天津西站候车厅里,乘客们川流不息,熙熙攘攘,人头攒动。在人群中,刘少奇和警卫员小曲也随着涌动的人潮,准备登上开往济南的15次列车。原来刘少奇为了深入基层了解人民的生活情况,亲自到火车站乘坐火车,感受人民真实的生活状况。

当时正是夏天,天气很热,再加上人又多,挤上车真不是件容易的事情。等刘少奇和小曲两个人好不容易挤进硬座车厢,已经是汗流浃背了。火车在汽笛声中徐徐驶离站台,从窗外吹进来一阵微风,算是缓解了一下车厢内的闷热,让人稍感凉爽和惬意。警卫员看到刘少奇还是满头大汗,就轻声对他说:"少奇同志,我去拧把毛巾,您擦擦脸吧。"虽然警卫员的声音很低,可还是被坐在刘少奇身后的一位男青年听到了。他听到后立刻起身转过头来对刘少奇打了一声招呼:"刘委员长好!"周围听到这位男青年喊声的乘客立即向刘少奇这边围拢过来,纷纷向刘少奇同志问好。一问才知道,这些旅客大多是青年学生,他们听到刘少奇同志和自己坐一列火车,都特别高兴。这时,刘少奇同志主动和大家打招呼问候,并和大家聊起了天。他问坐在他旁边的一位同学家住哪里,这次是去哪里,学习怎么样,毕业以后打算干什么……同学们都抢着回答问题,就这样你一言他一句的,人声

共和国领袖
gongheguo lingxiu

嘈杂，刘少奇也没听清是谁在回答他的问题，就微笑着看着大家。此时，闷热的车厢立即充满了热烈和欢快的气氛，大家也都忘记了炎热，热情地和刘少奇攀谈起来。

到了夜里，刘少奇同志又和乘坐这次列车的江西省都昌县赴京农业考察团的同志们聊了起来，关心地询问都昌县的自然地理情况，还向他们了解考察团这次考察的一些收获。在每一个问题上，刘少奇都是以认真的态度询问，不错过任何一个细节。到了凌晨，他还在认真地了解情况，记录民情，没有一丝疲倦，这让车厢内的旅客同志们都很感动。最后，列车驶进了济南站，刘少奇和大家道别，旅客们也纷纷怀着不舍的心情目送刘少奇同志走下火车。

刘少奇 Liu Shaoqi

二十六、当选中华人民共和国主席

1959年4月27日，刘少奇在第二届全国人民代表大会第一次会议上当选为中华人民共和国主席，他是继毛泽东之后担任主席的。然而，在选定主席时，朱德同志也是候选人，为什么最后选

共和国领袖

定刘少奇为主席呢？其中还有一段小故事呢。

当时，毛泽东多次向中共中央提出，自己要集中精力研究重要问题，摆脱日常事务的干扰，希望不再担任中华人民共和国主席。所以，中共中央经过了考察和研究，最后决定确定两名主席候选人，那就是朱德和刘少奇。当时两个人都是国家副主席，具有很高威望，都是合适的国家主席人选。当朱德同志得知这一消息时，他主动推荐国家主席这一职务由刘少奇担任，并且真诚地说："我提议刘少奇同志作为国家主席候选人更为适当。他的威望、能力和忠诚于人民革命事业的精神，为党内外、国内外的革命人民所敬仰，大家是一致赞同的。"朱德的话充分表达了他对老战友的推崇和信任。邓小平也说："国家主席不单是一个很高的荣誉职务，而且有一些相当具体复杂的事要做，例如出国、会谈、接待等等。以少奇同志的能力和资望，以他在党内所负的责任，出任国家主席职务，是比较好的。"毛泽东也是很赞赏刘少奇同志的，因为好多国家日常事务都是由刘少奇处理的，而且很多年了，认为由他担任主席一职更合适。所以，毛泽东也赞同朱德同志的提议，推荐刘少奇为国家主席的候选人。最后中共中央接受了朱德的提议，一致通过刘少奇作为中共中央向第二届全国人民代表大会提议推荐的国家主席候选人。在这一过程中，刘少奇也多次推辞，可是在大家一致的推举下，本着为国家负责、为人民服务的目的，他同意成为国家主席候选人。

这样，经过第二届全国人民代表大会选举，刘少奇当选为中华人民共和国主席。

二十七、主席也是人民勤务员

刘少奇
Liu Shaoqi

1959年，刘少奇同志经过全国人大选举，当选为中华人民共和国主席。10月下旬，他接见了出席全国群英会的劳动模范。在大会开幕式上，他亲切地接见了全国劳动模范——北京的掏粪工人时传祥。

刚一见面，刘少奇就主动握住时传祥的手，亲切地说："你是老时吧？"这一问，让时传祥有些丈二和尚摸不着头脑，心想少奇主席怎么会知道我的名字呢？是不是自己剃的是个光头，而且在报纸上还有自己的照片，少奇主席看到时一下就认出来了？随后，刘少奇很关心地询问了环卫工人的生活情况，工作苦不苦、累不累，接着又问了工人们业余学习的情况。时传祥一一向刘少奇作了回答。

在谈话中，刘少奇知道了时传祥文化水平不高，认识的字不多，连自己的名字都写不好。他语重心长地说："老时啊，一个先进工作者、共产党员，光是劳动好不行，各方面都得好。我们事业的发展越来越需要有文化的人。你才45岁，还不晚，以后要好好学习啊。"说罢，刘少奇从上衣口袋里掏出一支英雄牌钢笔送给时传祥，并且嘱咐他："以后你就用这支笔给我写信好不好？"时传祥激动地接过了刘主席送他的钢笔，说："主席放心，我一定努力学习。"

离开时，刘少奇再次握住时传祥的手，深切地说："你掏大

共和国领袖
gongheguo lingxiu

粪的是人民的勤务员,我当主席的也是人民勤务员,这只是革命分工不同,都是革命事业不可缺少的一部分,我们都要好好地为人民服务。"这段话,表露出了刘少奇担任国家主席后的真实心情,甘做人民的勤务员的精神贯穿于他的言行。

二十八、考察三峡坝址

新中国成立之后,为了防洪发电、造福人民,中央根据专家们的建议,开始酝酿修建长江三峡工程。经过一段时间的勘探设计研究,初步选定三斗坪作为主坝坝址。刘少奇是赞成修建三峡工程的,但他认为,要修建世界上一流的巨大工程,必须贯彻毛泽东提出的"积极

共和国领袖
gongheguo lingxiu

准备,充分可靠"的方针,要经过认真的科学论证才能动工,要对子孙后代负责。

1960年5月15日,刘少奇从重庆乘江轮沿长江而下亲自到三峡地区进行考察。第二天,快到中午的时候,刘少奇来到了三斗坪

刘少奇 Liu Shaoqi

实地考察三峡坝址。他不顾劳累，精神抖擞，健步如飞，直接来到考察的地方，来到了正在操作的钻机旁，认真了解勘探进程，观看钻探岩心，详细询问技术人员地质结构情况。随后，他又来到帐篷里看望勘探队员，鼓励他们为三峡工程的勘探兴建而努力工作。

他在考察中说，三峡工程必须以调查研究、实事求是为基础，必须解放思想、大胆学习、敢于创新。他一再强调，要大家敞开思想，每个人都发表自己的意见，他都会认真地倾听大家的意见，这让所有的技术人员和勘探人员都很受鼓舞。

在考察过程中，刘少奇不怕风吹日晒，顶着骄阳，连续工作调研。他对党和人民的事业极端负责、公而忘私的精神使在场的所有同志都深受感动，这也让大家在心中更加爱戴和尊敬刘少奇同志。

共和国领袖
gongheguo lingxiu

二十九、国家主席的船才应该首先抢救人民

1960年4月，刘少奇乘"江峡"号客轮，从重庆顺长江而下，考察三峡工程坝址。船刚过宜昌，突然遇到了暴风。霎时间，狂风呼啸，浪涛四起，巨大的浪头如猛兽般撞击着船体。此时此刻，为了保护轮船与乘客的安全，船长指挥着船员们紧张而有序地忙碌着。

突然，在探照灯的光柱下，人们发现一条小船随着浪峰陡然跃起，又被大浪猛地压下去。小船上的两位渔民落水了，他们在风雨中大声呼救。对于两位渔民的求救，"江峡"号的船员们意见不一，有的说必须赶快救人，要不落水渔民就会有生命危险，但大多数船员认为偏离航道有危险，现在的首要任务是保证国家主席的安全，只能迅速通知过往船只来救人。而正在船舱办公的刘少奇听到了外面的嘈杂声，叫来秘书问道："出了什么事？"秘书如实告诉了他。刘少奇当机立断地说："赶快救人！就因为是国家主席坐的船，才应该首先抢救人民！"在刘少奇的命令下，船员们奋不顾身地投入救人的战斗。经验丰富的老舵手把稳舵，克服浪涛的推力，让轮船侧身擦过浅滩，靠近小木船旁边。船员们用铁链把自己固定在船栏上，探身舷外，把落水者救上了甲板。

刘少奇注视着外面的狂风巨浪，当他看见江面上还有一只只

刘少奇 Liu Shaoqi

小木船像树叶似的在浪中漂荡时，又下令轮船为小木船挡风。于是，轮船开过去横在江心，截住木船，并用缆绳将它们牢牢系住。风雨过后，江面上恢复了平静，船员们都松了口气。小木船一只只散去，两名落水者也满含感激的泪花同船长和船员们握手告别，可是他们没有想到，是刘少奇主席亲自下令挽救了他们的生命。

三十、我们的生存要后继有"林"

我国是一个森林资源比较贫乏的国家,搞好林业建设尤为重要,所以,林业在我国国民经济中具有十分重要的地位。特别是进入经济调整时期以后,刘少奇更是十分关心我国的林业生产和

刘少奇 Liu Shaoqi

林区建设的工作。他多次在听取有关部门汇报时，强调要及时把有关林业的资料尽快交给他审阅，不要耽搁。

1961年7月下旬，刘少奇率领一个精干的林业考察组离开北京，前往黑龙江和内蒙古林区考察工作。他希望通过调查研究，能够解决林区的一些实际问题。

他们首先来到大、小兴安岭地区，进行深入的调查研究。到达丰林林区，刘少奇身披雨衣与大家一同穿行在泥泞湿滑的崎岖山路上。在林区，刘少奇让随行的同志在一棵红松树上取下一点样芯。一看，这棵直径20多厘米的红松，竟然生长了150多年。他又走到一棵刚刚被砍伐的红松前，数了数那棵树的年轮，发现这棵树活了200多年。刘少奇一会儿用手摸摸细小的幼松，一会儿抬头望望耸入云端的大树，他语重心长地对身边的同志说："看来，我们不能光吃老祖宗留下来的饭啦，百年之后，还能不能有成材的红松，恐怕要成为一个问题。"

他一边走，一边嘱咐林业部门负责同志："我国森林资源很少，要能够使已有的资源充分得到利用，并且永远保持下去。伐了树，应该很快栽起来，而且栽的要比伐的多才行。我们的事业要后继有人，我们的生存要后继有林。"

视察结束临走时，刘少奇对林业部门负责人又一次认真地指出："我们这代人不要把森林都砍光了，如果砍光了，我们死后是要受到审判的，要千方百计给后人留下一片青山！"

三十一、眼下还是吃饱肚子要紧

20世纪60年代初期，由于国家正处于经济困难时期，粮食严重短缺，民众物质生活非常困难，全国人民都在节衣缩食渡难关。刘少奇看到全国这片景象，心里非常忧虑，他想尽办法力图解决这一问题。

初春的一天，刘少奇把身边的工作人员叫到一起，指着办公楼后面那块刚刚泛青的草地说："你们看，这块空地可以利用一下，咱们把草除掉，种上麦子，秋后打点粮食，多少可以解决点问题。"有一个工作人员听到这些就对刘少奇同志说："刘主席，这是您散步的地方，还是留着吧。"刘少奇听后还是没有同意这位工作人员的意见，坚持说："这么大的中南海，可以散步的地方多的是，眼下还是吃饱肚子要紧。"最后还是让工作人员把这块草地开垦了，用来种粮食。

第二天，刘少奇就带领大家一起动手，翻土、平地、整畦、撒种，忙得满头大汗。从那以后，刘少奇就多了一份工作，那就是给麦地除草、施肥、浇水，认真地呵护着这片麦地。在刘少奇和同志们的精心培育下，麦子长势旺盛。收割麦子前，刘少奇又建议在麦地里套种了西红柿。正所谓"春种一粒粟，秋收万颗子"。小小的一块"自留地"竟打下50多公斤麦子，收获了几十公斤西红柿，看着这些辛勤劳动的成果，刘少奇和同志们心里别提有多高兴了。最后刘少奇提出，将这些麦子分给那些家庭人口多的同志,把西红柿送给警卫连的战士们。大家都非常赞成刘少奇的建议。

三十二、"闲事"总要有人管

刘少奇 Liu Shaoqi

　　为了促进我国林业的快速发展，刘少奇带领一批林业专家深入到内蒙古和东北的林区进行考察，准备解决一些实际问题。这一天，刘少奇和随行的工作人员来到根河林业局，深入到伐木工人中去了解他们的工作和生活情况。

　　到了林区，看见前面有一位工人正在干活，刘少奇上前问这位工人："林子里这么潮湿，又赶上下雨，你们有雨具吗？"工人放下了手中的大锯说："没有。""那你们用什么来遮挡雨水啊？"刘少奇关心地问。"就穿这个来遮雨。"只见工人指指身上已经被汗水浸透的布褂子说。"那你们为什么不穿雨衣呢？"刘少奇问道。工人说："我们到哪儿去弄雨衣啊？商店里偶尔进几件货，还不够'走后门'的人抢呢。"说完工人流露出一种无可奈何的情绪。"那你怎么知道从'后门'走了呢？"刘少奇问道。"人家公开干，不怕咱看见。"工人理直气壮地说。紧接着刘少奇继续问："人家是谁啊？"工人说："就是商店的店员、干部家属，反正都是有'门儿'的人买走了。"说完，工人就低头干活去了。刘少奇皱了皱眉头，略加思考弯下腰继续问："那你为什么不提意见呢？""提意见有什么用呢？又没有人管这件事。"说着，工人就朝不远处的一座小木屋努努嘴说，"不信你可以去那里看看。"

　　刘少奇来到小木屋前，只见外墙上用木炭写着这样一副对

刘少奇 Liu Shaoqi

联——"走前门样样没有，走后门件件俱全"，横批"少管闲事"。看完这副对联，刘少奇叫来陪同的省委书记，指着墙上的对联让他看。省委书记看完也承认这种情况在一些地方相当普遍。刘少奇就用既是商量又是命令的口气说："看来，今后商店进多少货，有哪些品种，要张榜公布，让人民群众知道。现在国家经济困难，生活用品供不应求，只能采取这种办法，使有些人不能够'走后门'。对于一线工人必需的日用品，要由职工大会合理分配，不能让一些人偷偷摸摸地弄走了。这个'闲事'你们省委得管。"省委书记听后连连点头称是。

由于采取了有效的措施，并使制度得到了认真执行，从此以后，工人们所需要的一般日用品都能及时在商店买到了。

三十三、一定要尊重少数民族的风俗习惯

　　1961年8月的一天，呼伦贝尔大草原上阳光明媚，晴空万里。位于呼伦贝尔大草原的锡尼河公社西博生产队和白音胡硕生产队像披上了节日的盛装，蒙古、鄂温克、达斡尔等民族的牧民以传统的民族方式夹道欢迎尊贵客人的到来。原来是刘少奇同志利用到林区调查的机会去看望少数民族兄弟，并应邀去牧民家中做客。在去鄂温克族自治旗的路上，刘少奇向当地负责同志详细地了解了这里的民族风俗，并强调说："一定要尊重少数民族兄弟的风俗习惯。"

　　当刘少奇看到牧民们从远处骑马跑来迎接时，连忙让司机停车，向欢迎的人群走去。在热烈的掌声中，他同牧民兄弟们一一握手，亲切问候。随后，刘少奇在欢乐的气氛中观看了赛马、摔跤、套马等精彩表演，并到牧民的蒙古包中品尝奶茶，促膝交谈。在这期间，刘少奇同志特意来到白音胡硕老牧民都格德木家做客，看望这位少数民族老大爷。

　　都格德木看到刘主席来看望他，非常高兴。依照当地的礼节，他向贵客敬献了哈达、奶茶和美酒。刘少奇郑重地接过哈达，向老人亲切握手致谢，并向他赠送了礼物。在蒙古包里，刘少奇坐在摆放着各种民族食品的桌子前，手拿蒙古刀，品尝"布和力麻哈"（手扒羊肉），边吃边称赞说："少数民族食品的营

共和国领袖
gongheguo lingxiu

养价值很高，很好吃。"刘少奇同志关心地询问了牧民的生活状况，认真查看了生活环境，并听取了大家对当前政策的意见与建议，对一些问题给予了解答与指导。都格德木这位在旧社会受尽牧主欺压的老牧民，看到国家主席这么和蔼可亲，对他这样尊重，这么关心他们少数民族牧民的生活，禁不住激动得流出了热泪。

欢乐时光总是很短暂，刘少奇同志要离开了，牧民们依依不舍地聚集在路旁欢送。牧民们激动地说："刘主席带来了党中央对少数民族的关怀，他和我们少数民族兄弟心连心。"

三十四、敌人不让我去，我偏要去

1963年3月下旬，刘少奇在结束了对缅甸的访问后，准备回到云南昆明稍作休整后前往柬埔寨进行访问。然而在这时却从北京传来了一个意外的消息：据国家安全部门截获的情报分析，台湾国民党特务机关将在代表团出访柬埔寨期间组织暗杀活动，首要目标就是国家主席刘少奇。

原来蒋介石集团自从1949年败退到台湾后，不甘心自己的失败，一直处心积虑想推翻中国共产党在大陆的领导，并且企图对党和国家领导人实施暗杀行动。中央接到这一情报后非常重视，立即成立了中央安全领导小组，由总参谋部、外交部、公安部和国家安全部门等负责人参加，小组由周恩来总理直接领导。周恩来委派总理办公室副主任罗青长随刘少奇一起出访，具体负责出访的安全工作。在刘少奇还在缅甸访问的时候，国家安全部门就得到确切情报，掌握了这次国民党特务的暗杀行动计划。可是国家安全部门并没有完全掌握对方的具体行动方案，而这时离刘少奇原定的出访柬埔寨的日期只有几天了，情况十分紧急。是否按原定计划出访，成了大家考虑的主要问题。

26日，刘少奇在昆明听到公安部局长凌云和王幼平的关于敌情的汇报后，微微一笑，说了句："敌人不让我去，我偏要去！"刘少奇平时性格比较内向，话语不多，可是这几句言简意赅的话，充分体现出了他对敌人的蔑视和对国家安全保卫人员的

充分信任，也展现出了他为国家事业而不顾及个人安危的高尚情操。他还嘱咐王幼平：在同柬埔寨方面商量时，要采取充分尊重和信任对方的方式。经过了出访小组的慎重研究，决定还是按原计划出访，并向中央作了汇报，中央也同意了这一做法。

　　经过工作人员全力以赴的工作，短短几天，摸清了敌人要在市区公路下埋藏炸药实施行动的计划，在柬埔寨警方的配合下，很快将特务逮捕，查获了所有的作案工具，确保了刘少奇主席的出访安全。

刘少奇 Liu Shaoqi

三十五、一切都让平平自己去干

1965年的夏天，当时，刘少奇的女儿平平刚上初中。刘少奇想让平平带着自己写的一封信到河北省新城县，送给正在那边农村工作的妻子，并借此机会锻炼锻炼女儿的自立能力。在这之

刘少奇 Liu Shaoqi

前,刘少奇把一位秘书叫来说:"我写了封信,让平平给她妈妈送去。你们不要给她买火车票,也不要送她去火车站,更不要用小汽车送她,一切都让她自己去干。"

可是秘书却认为平平只有15岁,年龄还小,独自出远门肯定让人不放心,还是安排人给送过去好一些。他想和刘少奇同志商量一下,可是刘少奇却说:"小孩子不能什么事总靠大人,要让她自己去闯闯,才能得到锻炼。什么事都靠大人,她倒是舒服省心了,可将来怎么办?"接着他又说:"对于小孩子,一是要管,二是要放。不好好学习,品德不好,要管;没有礼貌也要管。可是,对于他自己能做的一些事情就要放开,让他们自己学会自立。我的孩子也是一样。当然,管也是要讲究方法的,不是去束缚他们的手脚,吃苦耐劳的事情,都是要放手让孩子们自己去做的。这样做可能会让孩子遇到一些困难,或者遭受一些挫折,事情不会是一帆风顺的,但只有这样,才能使孩子们得到锻炼。"秘书听完这些话后,觉得很有道理,于是也就按着刘少奇的意思,没有给平平任何帮助。

平平自己一个人带着爸爸写给妈妈的信,克服困难,一路奔波,最后来到了河北农村。当她见到妈妈的时候,她的妈妈感到很惊讶,就问道:"平平,是谁送你来的?"平平十分自豪地回答:"是我自己来的。"

三十六、好在历史是人民写的

　　1966年,"文化大革命"开始了,林彪、江青等人为了实现他们夺取党和国家最高权力的政治野心,采用了一系列非常残忍和卑劣的手段,对多年来在第一线主持国家领导工作的刘少奇等国家领导人进行打击陷害。这以后,在"中央文革小组"的指使下,造反派用贴大字报、喊口号等方式,把斗争矛头直接指向刘少奇、邓小平等领导人。

　　这段时间是刘少奇生活中最悲惨的时期,蒙受冤屈的他还是保持着一个共产党员的应有斗志,无论受到造反派怎样的打骂和侮辱,他始终没有低头,他相信中国共产党会给他以公道。然而,情况一天比一天糟,刘少奇每天都要忍受着来自造反派对他的诬蔑和辱骂,最后连自由也没有了,他的一举一动都在监视之下。同时还牵连到他的家人,妻子王光美被批斗和辱骂,他的孩子们不能正常上学和工作,这深深地刺痛了刘少奇的心。在一次吃饭时,当听到要组织大会批斗王光美时,刘少奇非常生气,怒骂一小撮人的卑劣行为,他把手中的汤勺猛地摔在了桌上,手都微微颤抖了。过了一会儿,他语重心长地对自己的子女说:"有人逼我当反革命,我可以问心无愧地说,不论过去和现在,就是将来也永远不反毛主席,永远不反马列主义、毛泽东思想!一个革命者,生为革命,死也永远为共产主义事业,一心不变。"他

共和国领袖

gongheguo lingxiu

　　的情绪稍稍缓和了一下,接着说:"将来,我死了以后,你们要把我的骨灰撒在大海里,像恩格斯一样。大海连着五大洋,我要看着全世界实现共产主义。""你们,一定要活下去,一定要在群众中活下去,要在各种锻炼斗争中成长。你们要记住:爸爸是个无产者,你们也一定要做个无产者。爸爸是人民的儿子,你们也一定要做人民的好儿女,永远跟着党,永远为人民。"

　　此后的日子,刘少奇在种种折磨下,生了重病,最后在病痛中去世,身边没有一个亲人。他的去世让人民非常痛心。"好在历史是人民写的。"这是他最后的遗言,他的心中总是装着人民,他为人民作出了卓越的贡献。人民在心里永远怀念刘少奇,刘少奇永远活在人民心中!